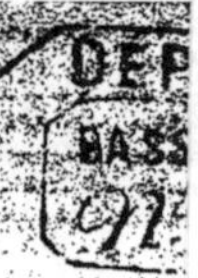

DES UNIONS

DE

SOCIÉTÉS DE SECOURS MUTUELS

CONFÉRENCE

DE

M. A. de LASSENCE

PRÉSIDENT DE LA SOCIÉTÉ DE SECOURS MUTUELS

DU HAMEAU DE PAU

PAU

IMPRIMERIE-STÉRÉOTYPIE GARET, RUE DES CORDELIERS, 11

J. EMPÉRAUGER, IMPRIMEUR

1901

DES

UNIONS DE SOCIÉTÉS DE SECOURS MUTUELS

DES UNIONS

DE

SOCIÉTÉS DE SECOURS MUTUELS

CONFÉRENCE

DE

M. A. de LASSENCE

PRÉSIDENT DE LA SOCIÉTÉ DE SECOURS MUTUELS
DU HAMEAU DE PAU

PAU

IMPRIMERIE-STÉRÉOTYPIE GARET, RUE DES CORDELIERS, 11

J. EMPÉRAUGER, IMPRIMEUR

—

1901

DES

UNIONS DE SOCIÉTÉS DE SECOURS MUTUELS

CONFÉRENCE

DE

M. A. de LASSENCE

PRÉSIDENT DE LA SOCIÉTÉ DE SECOURS MUTUELS

DU HAMEAU DE PAU

Mesdames et Messieurs,

M. le Maire a bien voulu présider cette réunion et me présenter à vous avec sa bienveillance habituelle.

Notre municipalité si justement populaire n'avait pas attendu les injonctions de la loi du 1er Avril 1898 prescrivant de donner aux réunions mutualistes un local et au besoin l'éclairage et le chauffage, pour donner gracieusement à nos réunions l'abri dont elles avaient besoin. Nos Sociétés de Secours Mutuels et leurs représentants ont toujours trouvé à la Maison Commune l'accueil le plus bienveillant, les conseils les plus utiles, des encouragements précieux et je sens que je réponds ici au désir de chacun en priant M. le Maire d'agréer, en même temps que l'expression de ma gratitude personnelle, les remerciements sincères des mutualistes Palois.

Je crains, Mesdames et Messieurs que le sujet que je vais avoir l'honneur de vous exposer, *les Unions des Sociétés de Secours Mutuels*, ne soit un sujet bien difficile pour le conférencier, bien technique et bien peu attrayant pour des auditrices et des auditeurs dont la bienveillance m'encourage cependant.

Je pensais depuis quelques temps à cette conférence dont les difficultés m'effrayaient quand je reçus l'aimable visite d'un des Vice-Présidents d'une de nos Sociétés de Secours Mutuels de création récente, mais admirablement administrée et animée de l'esprit mutualiste le plus actif, l'Association Fraternelle des employés de commerce de la Ville de Pau.

M. le capitaine Courteilles voulait bien venir me demander une conférence sur la mutualité ; je lui montrai mes notes et mon dossier, en lui demandant un peu de temps. Je suis heureux de remercier aujourd'hui l'Association Fraternelle des Employés de Commerce, et son distingué président,

M. Bayaut, d'un intérêt qui a été pour moi un stimulant et un encouragement des plus utiles et M. Piche a bien voulu me laisser le plaisir d'annoncer ici à ces Messieurs que la Société d'Éducation populaire des Basses-Pyrénées accordait à la Société des Employés de Commerce de la Ville de Pau, *une prime de cent francs*, bien qu'elle n'eût rien demandé. C'est une distinction très méritée à laquelle nous applaudissons tous de grand cœur.

Le sujet des *Unions de Sociétés de Secours Mutuels* est un de ceux qui sont le plus constamment aujourd'hui dans les pensées, dans les travaux, dans les efforts des mutualistes français.

Pendant longtemps, les Sociétés de Secours Mutuels se sont ignorées entre elles, chaque Société ne s'occupant que du développement intérieur de cette Société ; les sentiments mutualistes ne débordaient pas du cadre étroit de chaque Société ; l'égoïsme social paraissait avoir remplacé l'égoïsme individuel une première fois vaincu.

Mais bientôt la faiblesse des petites Sociétés de Secours Mutuels parut évidente : quelques-unes d'entre elles durent renoncer à donner à leurs malades une indemnité en argent pendant leur maladie, les recettes de l'année étant tout juste suffisantes pour assurer les secours médicaux et pharmaceutiques ; les Sociétés assez nombreuses peuvent seules continuer à donner une indemnité en argent pour un nombre de jours variant suivant les Statuts adoptés ; et, sans les cotisations des membres honoraires, les Sociétés les plus prospères n'auraient guère pu constituer des pensions pour les infirmes et des pensions de retraite.

La loi du 1er Avril 1898 a ouvert devant les Sociétés de Secours Mutuels une ère nouvelle en autorisant des Unions de Sociétés dans des conditions que nous allons préciser et avec des avantages encore trop peu appréciés, bien qu'ils aient, dans certains départements, dans la Gironde, par exemple, et dans le Var, assuré déjà les résultats les plus satisfaisants.

C'est l'art. 8 de la loi qui indique qu' : « Il peut être établi entre les Sociétés de Secours Mutuels, *en conservant d'ailleurs à chacune d'elles son autonomie*, des Unions, ayant pour objet notamment :

a) l'organisation en faveur des membres participants, des soins et secours énumérés dans l'art. 1, dans les conditions déterminées par les lois spéciales sur la matière ;

b) l'admission des membres participants qui ont changé de résidence ;

c) le règlement de leurs pensions viagères de retraite ;

d) l'organisation d'assurances mutuelles pour les risques divers auxquels les Sociétés se sont engagées à pourvoir, notamment la création des caisses de retraites d'assurances communes à plusieurs Sociétés pour les opérations à long terme et les maladies de longue durée ;

e) le service de placements gratuits. »

Ainsi, Mesdames et Messieurs, d'après cet article dont la lecture, je le crains, ne vous a pas laissé une impression bien claire, les Unions pourront organiser « les soins et secours énumérés dans l'art. I » que je vous demande encore la permission de vous lire :

« Art. I. — Les Sociétés de Secours Mutuels, sont des Associations de prévoyance qui se proposent d'atteindre un ou plusieurs des buts suivants :

» Assurer à leurs membres participants et à leurs familles des secours en cas de maladie, blessures ou infirmités, leur constituer des pensions de retraite, contracter à leur profit des assurances individuelles ou collectives en cas de vie, de décès ou d'accidents, pourvoir aux frais des funérailles et allouer des secours aux ascendants, aux veufs, aux veuves ou orphelins des membres participants décédés... »

La loi du 26 mars 1852 limitait strictement aux soins en cas de maladie les attributions des Sociétés de secours mutuels et le décret du 26 avril 1858 leur permit ultérieurement de créer des pensions de retraite avec leurs excédents de recettes. Au droit de garantir les sociétaires contre les risques de la maladie et de la vieillesse, la loi de 1898 ajoute la faculté de les assurer en cas de décès et d'accidents, de créer des cours professionnels, des offices gratuits de placement et de donner des secours en cas de chômage.

L'art. 8 ouvre aux Unions de Sociétés le même champ d'activité bienfaisante et autorise en outre :

la création de pharmacies mutualistes,

la mise en subsistance,

le règlement des pensions de retraites et la prolongation des secours dans les maladies de longue durée.

Ces unions sont-elles permises entre Sociétés libres et sociétés approuvées ?

Nous venons de lire le texte de l'art. 8 qui établit clairement que le législateur ne s'est nullement préoccupé de savoir quelles seront les Sociétés de secours mutuels qui s'uniront, et d'après le texte et l'esprit de la loi qui est un esprit libéral les 12 Sociétés approuvées et les 15 Sociétés libres de la ville de Pau devraient pouvoir s'unir, si bon leur semblait, en toute liberté.

Mais nous avons en France une bureaucratie qui déteste les solutions simples et libérales et qui s'est empressée de préparer un règlement d'administration publique qui était soumis au Conseil d'Etat et dont l'art. I était ainsi rédigé : « Les Sociétés de secours mutuels libres forment des unions libres ; les Sociétés approuvées forment des unions approuvées. »

Voilà une distinction qui a dû combler d'aise le chef de bureau qui l'a trouvée, mais contre laquelle a protesté dès sa formation,le Conseil supérieur de la Mutualité. Et dans sa réunion du 4 novembre 1899, le Comité central de l'Union nationale des Présidents des Sociétés de secours mutuels de France émettait le vœu suivant : « Considérant que le projet de règlement d'administration publique relatif aux unions de Sociétés porterait une grave atteinte aux intérêts et à la formation de ces unions... Le Comité émet le vœu : que les Unions pourront être formées indistinctement par des Sociétés approuvées et par des Sociétés libres... »

Du côté de la solution la plus rationnelle

et la plus libérale se trouvent tous les mutualistes les plus autorisés et l'intérêt évident de toutes nos Sociétés. De l'autre côté est une grande force, l'esprit bureaucratique.

C'est une solution moyenne qui vient d'être adoptée. Le règlement d'administration publique décrété le 25 mars dernier décide (art. 10) que : « Les unions de Sociétés sont libres, approuvées ou reconnues d'utilité publique. Les Unions approuvées ne comprennent que des Sociétés approuvées ou reconnues d'utilité publique. *Les Unions libres peuvent être composées de Sociétés reconnues, approuvées ou libres.* »

Ainsi, nous pouvons réaliser par ce que l'on appelle ici des *Unions libres,* cette union entre Sociétés libres et Sociétés approuvées qui est dans nos intérêts et dans nos sympathies locales.

Dans ces questions si délicates et si complexes des Unions de Sociétés, il importe non seulement de savoir ce que permet la loi, mais de connaître ce qui a été essayé, ce qui a réussi ailleurs, dans la Gironde et le Var que je citais tout à l'heure, dans la Haute-Garonne, dans le Tarn-et-Garonne, dans l'Hérault, dans les Bouches-du-Rhône, dans les Alpes-Maritimes où viennent de se former des Unions récentes.

C'est ce que nous allons faire, si vous le voulez bien, Mesdames et Messieurs, en examinant rapidement les avantages des Unions de Sociétés pour : 1° la réassurance, 2° les secours permanents pour infirmités, 3° les pharmacies mutualistes, 4° les dispensaires, 5° la mise en subsistance, 6° l'obtention d'un tarif spécial à l'hôpital, 7° la formation de Caisses et de pensions de retraites.

1° *La Réassurance.*

La réassurance a été très bien définie la pratique de l'assurance au second degré. L'utilité et les conditions de la réassurance ont été admirablement définies dans les Statuts de l'Association Mutuelle pour la Caisse de réassurance de la ville de Toulon sous la forme suivante :

« L'Assemblée générale des délégués des Sociétés de secours mutuels de Toulon :

Considérant que les Associations de prévoyance sont obligées, par suite du petit nombre de sociétaires, de suspendre généralement, après *six mois* consécutifs de maladie, les secours alloués à leurs membres, afin d'éviter des mécomptes dans leurs opérations philanthropiques ;

Considérant que la clause suspensive du secours en argent est très préjudiciable aux intéressés, qu'elle porte atteinte au noble but poursuivi par les Sociétés de secours mutuels, qu'elle rompt, en quelque sorte, le pacte social intervenu entre le membre participant et sa Société ;

Considérant qu'il importe de venir en aide aux mutualistes affligés de longues maladies, en leur payant un secours que leurs Sociétés ne pourraient leur accorder qu'à titre gracieux et en dehors des périodes réglementaires ;

Considérant enfin, que le but recherché ne peut être assuré qu'à l'aide d'un service spécial ayant des ressources particulières constituées par le versement d'une cotisation minime consentie par l'universalité des membres des Associations de prévoyance ;

Adopte les Statuts dont voici les deux premiers articles :

Article 1er.

§ 1er. — Il est formé entre les adhérents aux présents Statuts, sous le titre d'*Association mutuelle pour la Caisse de Réassurance*, une caisse qui a pour but de venir pécuniairement en aide, jusqu'à cessation de maladie, aux membres des Sociétés de secours mutuels de Toulon qui auront reçu, pendant *six mois consécutifs*, les secours de leurs Sociétés respectives pour la même maladie.

Article 2.

§ 1er. — Les sociétaires atteints d'infirmités ou de maladies incurables les empêchant de se livrer à tout travail, recevront également un secours de la Caisse de Réassurance. »

La cotisation fixée est, à Toulon, de 10 centimes par mois et de 10 centimes par an exigibles le 1er avril de chaque année. Dans d'autres départements cette cotisation est simplement mensuelle et de 15 centimes par mois ; elle est exceptionnellement de 20 centimes par mois. Mais le chiffre le plus généralement adopté est de 15 centimes par mois.

Pour ce supplément de cotisation qui peut être payé soit par chaque sociétaire, soit par la Caisse Sociale pour chaque sociétaire, celui-ci est assuré de recevoir un secours pécuniaire pendant toute la durée de sa maladie, quelle que soit cette durée.

Et le résumé général des opérations de la Caisse de réassurance de Toulon depuis sa fondation (23 avril 1887) jusqu'au 31 décembre 1899, prouve que la cotisation fixée par cette caisse est suffisante.

Pendant ces onze années, 61 Sociétés sont entrées dans l'Union qui comptait, au 31 décembre 1899 3.171 membres participants. Le nombre de journées de maladie payées par la réassurance, pendant cette période de onze ans, avait été de 13.861, représentant une somme de 16.838 fr.

Et l'avoir de la Société au 31 décembre 1899 était de 16.530 fr.

2° *Les Secours permanents pour infirmités.*

En même temps que les malades la caisse de réassurance secourt, d'une manière permanente, les infirmes.

Pendant cette période de onze ans la caisse de réassurance des Sociétés de Secours Mutuels du Var a payé 14.003 journées d'infirmes à raison de 0 fr. 30 par jour (110 fr. par an) avec une somme de 4.314 fr. La situation des infirmes dans nos Sociétés de Secours Mutuels est particulièrement pénible. Quand un sociétaire a fait, pendant bien des années, acte de prévoyance, quand il s'est acquitté de toutes ses obligations de sociétaire, s'il est atteint d'une maladie grave qui le laisse infirme et incapable de travail, la Société dont il fait partie, au bout de 3 mois ou de six mois, ne lui donnera plus qu'un faible secours qui, au bout d'un an ou de deux ans cessera complètement. C'est là, Mesdames et Messieurs, un fait désolant, une véritable faillite de la mutualité qui nous a tous attristés et humiliés. Si l'Union des Sociétés de Secours Mutuels n'avait que cet unique avantage, d'assurer un secours permanent aux sociétaires infirmes, ce serait une raison suffisante à stimuler nos efforts. Et il me semble que nos consciences seront soulagées le jour où il sera impossible qu'un mutualiste des Basses-Pyrénées puisse tomber de la mutualité dans l'assistance.

3° *Pharmacies mutualistes.*

La loi du 1er Avril 1898 autorise les Unions de Sociétés de Secours Mutuels à créer des pharmacies coopératives, dans les conditions déterminées par la Loi du 21 Germinal an XI (11 avril 1803) pour l'usage exclusif de leurs membres et des familles des sociétaires participants.

Les médecins et pharmaciens d'une Société de Secours Mutuels deviennent souvent les meilleurs auxiliaires d'une administration économique de la Société. Nous en avons à Pau des exemples dont le corps médical et Messieurs les Pharmaciens peuvent à juste titre, être fiers.

Il peut y avoir, suivant les conditions locales, opportunité à se contenter de stipuler pour les Sociétés formant l'Union, le tarif pharmaceutique le plus réduit ou à créer une pharmacie mutualiste.

Les résultats les plus frappants ont été obtenus par les mutualistes belges.

Créée en 1882 avec un modeste capital de 5.915 fr., la Société des Pharmacies populaires de Bruxelles a permis :

1° De créer un magasin central installé dans un immeuble valant 30.000 francs et qui lui appartient ;

2° D'installer 9 officines dont tout l'agencement et le matériel, valant 50.000 fr. lui appartient ;

3° D'avoir à ce jour pour plus de 75.000 fr. de marchandises qui lui appartiennent ;

4° D'avoir créé un service pharmaceutique d'une perfection telle qu'on n'oserait pas en rêver de meilleur, non seulement pour leurs membres affiliés, mais aussi pour leurs femmes, leurs enfants, leur père et mère impotents, leurs frères et sœurs mineurs ;

5° D'avoir mis à la disposition du public des produits de toute première qualité à des conditions d'un bon marché inespéré ;

6° Enfin d'avoir réalisé en 18 années 1.354 234 f. de bénéfices qui ont été intégralement ristournés aux Sociétes affiliées, c'est-à-dire aux mutualistes eux-mêmes.

Nous ne pouvons pas, en France, établir comme en Belgique, des pharmacies coopératives. Mais les pharmacies mutualistes de Marseille, de Grenoble, de Limoges et de Toulon sont prospères et peuvent, à l'occasion, servir d'exemples.

4° *Les Dispensaires.*

Ceux d'entre vous, Mesdames et Messieurs qui ont assisté ici à l'intéressante conférence du Dr Gyoux, se rappellent peut-être les détails qu'il nous a donnés sur le dispensaire du Syndicat Girondin.

Les Sociétaires malades ont constamment besoin, dans nos Sociétés, de lits supplémentaires, d'effets de literie, de linge, d'appareils spéciaux que nos Sociétés ne peuvent leur fournir. Moyennant une cotisation de 0 fr. 60 par an, le dispensaire met tout cela à la disposition des malades. Le matériel du dispensaire est donné ou prêté suivant les cas. Quand il n'est que prêté, il est soigneusement désinfecté, avant d'être remis en magasin. Le dispensaire fournit aussi, à Bordeaux, des veilleurs et des veilleuses de nuit, recrutés parmi les gardes-malades diplômés et ce service est précieux dans les cas de maladie grave dans une famille de travailleurs.

5° *La mise en subsistance.*

Un mutualiste que son travail appelle hors du rayon de la Société à laquelle il appartient est exposé à perdre tous les bénéfices actuels et futurs que sa prévoyance lui avait assurés.

Par un arrangement préalable conclu entre les Sociétés intéressées, un sociétaire qui se déplace peut être mis en subsistance dans la Société de sa résidence temporaire ; il jouit auprès de cette Société de tous ses droits en cas de maladie ; il y fait le versement de ses cotisations et si la somme qu'il a coûté à cette Société est supérieure à ses versements, sa Société habituelle paye la différence.

Ceux qui administrent nos différentes Sociétés locales, savent les services fréquents que rendrait la pratique de la mise en subsistance, les difficultés qu'elle éviterait.

6° Tarif de faveur à l'Hôpital.

Les Unions de Sociétés de Secours Mutuels ont généralement obtenu, dans les hôpitaux de la localité, un tarif de faveur pour leurs sociétaires et quelques fois un local spécialement réservé aux mutualistes.

Elles ont établi même des maisons de convalescence et des maisons de retraite où les mutualistes se sont trouvés chez eux et entre eux.

7° Formation de caisses et pensions de retraites.

Mais c'est dans la formation des *pensions de retraite* que les Unions de Sociétés sont peut-être appelées à rendre les plus grands services.

La loi du 1er Avril 1898 prévoit la création de caisses de retraites communes à plusieurs Sociétés. L'art. 27 de la loi indique que ces caisses autonomes peuvent avoir l'un des trois buts suivants : pensions de retraite, assurances en cas de décès et en cas de vie, assurances en cas d'accident.

Il n'est pas de nos jours de question plus consciencieusement étudiée que cette question des pensions de retraite pour les travailleurs âgés. Il n'en est pas que j'ai personnellement étudiée avec un plus ardent désir de me faire une conviction, d'apercevoir une solution satisfaisante.

Il n'est pas de question qui ait amené candidats et orateurs après banquets à faire des promesses aussi peu sérieuses.

Si on fait de la constitution des pensions de retraites une question d'assistance, il faut, il me semble, reconnaître loyalement que la solution n'est pas trouvée, bien que la constitution d'une Caisse de retraites comme celle que M. Faisans a eu l'heureuse initiative de constituer à Pau, améliore assurément la position de quelques-uns des vieillards indigents de la commune.

Mais si la constitution des pensions de retraites est une question de prévoyance et de mutualité, il est possible que nous touchions au but et que la création de Caisses autonomes régionales réponde au vœu général : 1° par la limitation de la centralisation financière de l'État ; 2° par la liberté de placement des fonds de nos Sociétés au profit notamment de l'agriculture et de l'industrie ; 3° par le groupement des Sociétés locales et régionales pour former entre elles des Syndicats d'assurances et de retraites.

Nos mutualités doivent être les meilleurs et les plus sûrs agents de la création des pensions de retraites. Les Unions de Sociétés largement favorisées par l'État auront, je l'espère, le privilège d'amener ces pensions de retraite à un chiffre satisfaisant pour les besoins des travailleurs âgés, pour la solidarité mutualiste, pour la conscience publique.

Les divers avantages des Unions de Sociétés de Secours mutuels que je viens d'essayer, Mesdames et Messieurs, de vous exposer avaient depuis longtemps séduit les mutualistes d'avant-garde et dès 1891 le bienfaiteur de la mutualité dans notre département dont les études, les conseils, les généreux encouragements ont été si précieux à chacune de nos Sociétés de secours mutuels, M. Piche, avait essayé de fonder une Union des Sociétés de Secours mutuels des deux cantons de Pau et du département.

Nous nous trouvons aujourd'hui dans des conditions meilleures : d'autres départements ont fondé des Unions prospères qui peuvent nous servir d'exemples ; les administrateurs de nos diverses sociétés ont exprimé leur désir de certaines Unions ; enfin les Sociétés de femmes qui sont prospères et très bien administrées ont montré, dans toutes les questions qui intéressent la mutualité, une compétence qui justifie bien les espérances des féministes.

Dans tout ce qui concerne l'assistance et la mutualité, les femmes ont, à côté de qualités intellectuelles assurément égales aux nôtres, des inspirations de bonté et une persévérance de dévouement devant lesquels nous devons respectueusement incliner notre infériorité masculine. Le concours de ces Dames dans l'administration des Unions de Societés sera une condition essentielle de succès, et en remerciant celles qui ont bien voulu honorer cette réunion de leur présence, je vous demanderai, Messieurs, d'acclamer avec moi Madame Guilhem, présidente de la Société Ste-Thérèse de Bizanos, qui a obtenu une médaille d'argent au Congrès de la Mutualité du mois de juillet dernier.

Et depuis 1891 quels progrès rapides dans l'étude, dans la pratique, dans l'appréciation de la mutualité. Tandis que le nombre des Sociétés de Secours Mutuels augmente chaque année (il y a, dans notre département depuis le 1er janvier 1899, 30 nouvelles Sociétés libres ou approuvées), tandis que le Président de la République, les Présidents du Sénat et de la Chambre des Députés, nos Ministres, nos Députés, tous nos hauts fonctonnaires veulent bien témoigner constamment leur sollicitude pour le développement de la mutualité, les Congrès succèdent aux Congrès préparant des solutions meilleures à toutes les questions qui nous préoccupent.

Je crains d'abuser de votre bienveillante attention, mais je vous demande la permission de vous lire encore le programme du VIIe Congrès national de la Mutualité qui va se réunir à Limoges du 19 au 24 août prochain.

1re Commission. — Mise en subsistance.

2e Commission. — Secours médicaux et pharmaceutiques. Pharmacies et bains-douches mutualistes.

3e Commission. — Fédération des Sociétés de Secours Mutuels.

4e Commission. — La retraite mutualiste.

L'exposé seul d'un aussi excellent programme suffit à faire comprendre toute l'utilité que nos Sociétés et nos sociétaires pourraient retirer des discussions et des résolutions du Congrès.

Je voudrais en terminant, Mesdames et Messieurs, vous proposer un pas décisif vers cette union de nos Sociétés de Secours Mutuels, si elle vous paraît, comme à moi, désirable.

Nous pourrions dès aujourd'hui constituer une union des présidentes et des présidents de nos Sociétés de Secours Mutuels. Ce serait une Société d'études qui nous permettrait d'examiner ensemble les conditions locales auxquelles il conviendrait d'adapter les expériences réalisées ailleurs. Je crois qu'une cotisation de 2 fr. par an serait suffisante pour assurer notre service de secrétariat et de publicité et je demanderai aux présidentes et aux présidents qui se trouvent parmi nous de me donner leurs noms dans un instant, si cette idée leur plaît et s'ils veulent faire partie d'un petit groupe qui pourrait dès aujourd'hui se constituer.

L'union des Présidents de nos Sociétés doit logiquement précéder l'union de nos Sociétés, comme l'Union Nationale des présidents des Sociétés de Secours Mutuels de France a précédé la Fédération Nationale qu'on voudrait fonder.

Mais cette fédération nationale ne peut se fonder au Centre Mutualiste, à Paris, bien qu'elle doive y aboutir. On n'arrivera à la Fédération qu'après avoir fondé d'abord des Unions départementales puis des Unions régionales.

Il faut que la *Pyramide mutualiste* repose sur les bases de la décentralisation la plus libérale et n'arrive au sommet de la fédération que par des représentations à plusieurs degrés.

Il faudrait que le plus humble travailleur de la plus petite Société de Secours Mutuels de France se sente une partie active et utile dans cette pyramide de la mutualité française élevée non comme ces pyramides de l'antique Egypte, par le travail esclave, pour la glorification égoïste d'un Pharaon, mais par des milliers de libres volontés, pour l'avantage personnel des plus modestes collaborateurs et comme *le plus imposant monument de la solidarité nationale !*

www.ingramcontent.com/pod-product-compliance
Lightning Source LLC
LaVergne TN
LVHW052021160826
845678LV00003B/1153

9782329638850